고래의 꿈

장영준 제4시집

흐脈

고래의 꿈

책 머리에

저는 문학이란 세상의 끝은 헤아릴 수 없다고 생각합니다
문학의 바다는 우주처럼 푸르고 광활하다고 말하고 싶습니다
저는 제가 이 세상에 와서 시인의 된 것을 행복하게 생각합니다. 저는 한국 문단에 등단한 지 올해로 18년 차입니다. 저는 비로소 이제야 문학의 옹알이를 할 수 있는 것 같습니다. 문학 세상은 너무 넓고 깊어서 심호 하다고 생각합니다
후일 제가 세상을 떠난 후에도 오래오래 회자 되고 화자 되기에 그런 생각을 많이 해 봤습니다
저는 2007년 등단한 이후 약 5년 동안 다섯 분의 선생님을 찾아다니며 수학을 했습니다. 매년 선생님을 다르게 모시며 수업을 해 왔었는데 마지막으로 금리 이창년 선생님을 끝으로 정기적 수업을 끝내고 2012년 1집 「답을 몰라 술래만 했다」를 등재하고 2015년 2집 「오로라를 훔치다」를 세상에 내놓았으며 2022년 3집 「소나기」를 출판하였으며 5월에 제가 사는 인천 서구 검암동 해오름동산 수령 250년 된 홍송 앞에다
저의 애송愛誦 시詩 초승달 시비를 세웠습니다.

  이때 저의 작사작품 강화 아가씨라는 노래 가사를 초승달 시비 뒷면에 같이 새겨 공유하게 되었습니다.

  이어 2022년 가을 생애 첫 출판 기념식을 해오름동산 둥지 앞마당에서 여러 선배 지인들의 축하 속에서 행복한 순간의 추억을 만들었습니다.

  그리고 2024년 6월 인천광역시 강화군 강화읍 풍물시장 경내 강화 아가씨 노래비가 세워지는 경사를 누렸습니다.

  이어서 2024년 11월에 4집 「고래의 꿈」을 출판하게 되었습니다. 이 모두는 다 저의 아내 김준수 여사의 헌신적인 내조가 있었기에 가능했다고 생각합니다.

  끝으로 저를 기억해주시는 분들께 늘 감사드립니다.

2024년 늦가을에
장 영 준

# 차례

❙책 머리에 / 장영준

 **감사**

14 · 기막힌 인연
15 · 내가 시를 짓는 이유
16 · 소중한 여행
17 · 안부
18 · 어디쯤 왔을까?
19 · 영원한 미완성
20 · 은행나무
21 · 짐
22 · 쪽빛
23 · 태초의 세상
24 · 풍년
25 · 함께하면

 **낭만시대**

28 · 가슴으로 우는 나이
30 · 낭만 시대가, 그립다
32 · 강화도령
33 · 목단과 작약꽃의 사연
34 · 바람이 뺨을 스칠 때마다
36 · 심장이 쿵쿵 뛰었지
37 · 오매불망
38 · 지구를 상상하면서
39 · 토정과 정감록
40 · 풍경소리
41 · 한가위 스케치

 루비콘강

44 · 더럽히지 마라

45 · 루비콘강 건너에서

46 · 미소

47 · 바람

48 · 비밀

49 · 사후에 대하여

50 · 아련한 기억

51 · 어떤 기다림

52 · 운명

53 · 헛물

54 · 희망 때문에

 **사랑이 존재할 때**

56 • 해 오름 동산에서 언젠가를 회상하며

58 • 가자 파라다이스로

59 • 꽃이여 사랑이여

60 • 꿈속 같은 인생

61 • 번민

62 • 보랏빛 도파민

63 • 사랑은 무지갯빛

64 • 어머니는

65 • 우리 집 소나무 이야기

68 • 월계관 사랑

69 • 기억

70 • 탄성

71 • 태양 같은 말

차례

 **영원하라 대한민국이여**

74 • 격동의 순간들을 회상하며
76 • 광화문은 자유 평화 민주주의 성지
77 • 나는 평화를 사랑하는 자유민주주의자이며 시인이다
80 • 나라 꼴 어찌하면 좋을까?
81 • 다시 한번 더 손에 손잡고
82 • 독도는 행복하고 건강해야 합니다
83 • 무궁화 꽃님이시여
86 • Mugunghwa Flower Oh, my God
90 • 미친개와 바보들이 사는 세상
91 • 민족의 수난
92 • 박정희 대통령의 연설 기도문
93 • 소나무와 태극기
94 • 어쩌자고 그러십니까?
96 • 안중근 의사 가묘 앞에서
97 • 윤동주 시인을 그리며

 **지구가 많이 아파요**

100 · 고래의 꿈

102 · 그리스여 영원 하라

103 · Forever, Greece

104 · 당신은 나만의 오로라 신

105 · 바람과 생명의 서시

106 · 비나이다, 비나이다

107 · 사는 것이 전쟁이다

108 · 어찌하면 좋을까?

109 · 오아시스는 신기루

110 · 지구별을 아끼고 사랑해야 합니다

112 · You have to cherish and love the Earth

114 · 이슬빛에 묻어온 바람

115 · 태초에

116 · 포경선을 폭파하라

차례

초대시

118 · 당신이 머나먼 길로 떠나던 날
119 · 박정희 대통령께서 남긴 어록 중에서
120 · 이승만 대통령의 마지막 기도
121 · 이승만 초대 대통령께서는
122 · 이승만 초대 대통령의 어록 중에서

단편 소설

124 · 빨간 우체통

1부

감사

기막힌 인연

동시대 이 순간을 살아가고 있는
대한민국 사람은
다른 나라에서 태어난 사람들의
인연보다 더 기적 같은 생명 들이다
수많은 외침과 질병과 역병
또는 알 수 없는 이상한 병들이 난무했고
더군다나 동족 간의 전쟁과 사상적 내전
정치적 사회적 소용돌이 속에서
조상의 유전자를 끊이지 않으면서
곡예사의 곡예보다 더 아슬아슬한
순간과 찰나 속세의 연으로
유한의 나그네 소풍객으로
동시대에 남과 남으로 태어나
사랑이라는 묘한 무지갯빛
연으로 만나게 된 것을 생각해 보면
하늘이 내린 연분의 기적이 아니고
무엇이 기적이란 말인가요?
비록 삶이 인생이 서툴지라도 서로를 이해하고
아껴주며 사랑해 줘야 합니다
단 한 번 편도로 왔다가는
서글픈 인생이니까요

내가 시를 짓는 이유

내가 시를 쓰는 이유는
나 자신을 쉼 없이 채근하기 위함이고
어느 순간 흔들릴지 모르는
나약한 영혼을 무너지지 않게 하려고 하는
훈련을 지속하기 위해서이고

내가 시를 짓는 또 하나의 이유는
미래의 후손에게 나라 사랑의
꿈을 전하기 위해서이다

내가 시를 사랑하는 이유는
시를 통하여
전지전능하신 신께 고해성사하는
기회를 놓치지 않기 위해서 입니다

소중한 여행

우리는 모두다
소중하고 귀한 생명체로
지구별 행성으로 초대받은 소풍객 입니다

우리라는 존재는 신비스럽게
기적과 같은 행운으로
참으로 귀하게
선택받은 유한의 나그네 입니다

우리는 다 같이
서로를 인정하고 사랑하면서
알뜰하게 공존해야 합니다

안부

가을에는 빨강 색이나
진 노란색 단풍잎에다
청자색보다 더 파란 잉크 빛 물감으로
그리운 이에게 국화꽃 향기를 듬뿍 물 들린
엽서를 띄워보자

새벽녘 어둠 헤치며
아득한 바이칼 호수에서 날아오는
기러기 가족을 향하여 두 손 높이 들어
잘 있었느냐 그간의 안부도 묻고
반갑다고 신나게 흔들어주자

늦가을엔 파란 하늘 바라보며
해국 피는 바닷가 모래밭에
그리운 이름을 쓰고 하트도 그려보자

어디쯤 왔을까?

어찌어찌 우물쭈물
설마 설마 몇 번이고 망설망설하면서
늦가을 단풍 역까지 왔네
말할 수 없는 아픔 긴 사연 견디어 냈네
가슴으로 운 세월 시간이라는 약으로
기막힌 여로 삭혀내었네
이젠
환한 미소만 지어보자

영원한 미완성

어쩌면
영원한 미완성으로 끝날지 모를
벌 나비의 요람에다
향기와 향수를 그려내고

환상의 별바다에서
별빛 꼬리를 찾아내고

북극의 새벽
하늘가 어디쯤에서
황홀하기만 한 연둣빛 오로라 꼬리에
하트 빛을 달아보자

은행나무

늦가을이면 내 냄새가 싫다고
뭇 사람들이 손가락질하는 신세
사실 나는 아픈 사람 병든 생명 살리는
약재 나무 버릴 것 하나 없는 귀하디귀한 존재
여름 내내 가을까지 태양으로
잎과 알맹이를 약재와 약용으로 키워내고
주변 해충까지 소독하고
알몸으로 내년을 기약하며
잠시 세상을 명징하게 채색한 후
온몸 다 벗고 나목으로 봄을 그리워하는
나는 은행나무입니다

짐

나는 어떻게 살고 있었는지
남들은 또 어떻게 사는지
알고 보면 들춰보면 비슷비슷 거기서 거기
살다 보면 형편이 안돼서
지워지지 않아서 어쩔 수 없어서
마음에 짐 하나 숨기고 살지요
말을 안 하니까 사정을 알 수 없듯
누구나 헤쳐보면
가슴에 바위를 품고 있지요
어쩌면 기억도 않을 일이지만
내가 나를 구속해서
매몰차지 못해서 지우지 못해서 버리지 못해서
어쩔 수 없어 사는 억지 인생이지요
그러다 문뜩 찾아오는 기억
신세를 져서 고마워서 미안해서
천 가지, 만 가지 이유와 사연으로
마음에 짐 마음에 빚
들고 있자니 무겁고
놓치면 산산 조각날 것 같아
인생 보따리에 노예가 되어
나중 나중으로 미루다가
그러다 막상 막다른 골목에서 풀어보면
아무것도 아닌 빈 보자기 보따리
별것 아닌 헛것 인생인데

쪽빛

난,
가을 하늘이 만드는
파랗고 파란
쪽빛을 짝사랑하다가
쪽빛에 가슴을 물들이다가
영혼을 물들이다가
끝내는 통곡하는
울보가 되고 싶다

태초의 세상

태초의 조물주께서는
세상을 창조하실 때 경계가 없도록 하신 것 같습니다
그래서
하늘과 땅과 바다와
바람과 물 모두에 경계가 없는 것이 아닌가 싶습니다
물에는 수평과 평형의 원리가 있어서
망막한 바다에 크고 작은 배를 띄울 수 있는 것입니다
그런데
사람과 사람 간에는 세 치 얕은
가슴속의 마음과 생각을 헤아릴 수 있는
평형수가 없어서
늘 조심스럽습니다

풍년

금년 가을엔
세상 모든 농부의 농사가
풍년 되길 기원합니다

내 논의 벼가 아니어도
내 밭의 콩과 녹두가 아니어도
또 팥이 아니어도
누렇게 익은
황금빛 벌판이
바람결에 출렁출렁 춤추는
그런 모습을 보고 싶습니다
풍년 들판을 보기만 해도
배가 부를 것 같습니다

함께하면

당신이 백합꽃을 좋아하면
결국엔 나도 백합을 좋아하게 될 겁니다
우리가 한세상 살아가다 보면
비바람 폭풍우
모진 한파를 만나게 될 수도 있습니다
그럴 때는 같이 이겨냅시다
함께 하면 뭐든지 헤쳐 낼 수 있어요
난, 언제든지 어디서든
당신과 함께라면
두려워하지 않을 겁니다
백합꽃 향기만 있다면.

2부
낭만시대

가슴으로 우는 나이

울지 말아요. 날 위해 울지 말아요
수많은 날 울며 살아오신
그대는 비단보다 더 고우신 나의 어머니
음력 초하루와 보름밤이면
전쟁터로 끌려간 남편과
아직은 여물지 않은 여린 자식 아프지 말라고
정한 수 앞에 놓고 두 손 모아 싹싹 비시던 당신
나도 어느새 어머니 만큼보다
더 모진 세월을 살아 내고 보니
이젠 당신을 위하여 이놈이 빕니다
부디 어머니가 사시는 세상
천당 아니면 극락에서 부디 왕생하시기를
어머니 어머니가 우시던 밤이면
이젠 이 못난 놈이 가슴으로 우는 법을 배워
미치도록 그리운 날 밤이면
이놈은 가슴으로 웁니다

울지 말아요
날 위해 울지 말아요
수많은 날
날 위해 울어준 당신
이젠 내가 당신 위해 울어줄 차례입니다
이젠 날 위해 울지 마세요

날 위해 빌지 마세요
아무리 내가 나이를 먹어도
당신은 그리운 나만의 어머니

낭만 시대가, 그립다

추우면 춥게 거칠면 거칠게 부딪치며 살아냈고
짜면 짠 대로 숙명인 줄 알고 받아 냈던 인고의 세월
1970년대를 돌이켜 더듬어 보면
그때 그 시절이 그리워지는 것은 무슨 까닭일까?
그때는 참으로 가난했고 늘 배가 고팠지만
나눔이란 정이 있었고 길을 가다가도 멈추고 국기
하강식 때는
오른손을 왼쪽 가슴 심장이 뛰는 곳에 대고
전몰장병과 순국선열 애국지사를 떠 올리는 애국심과
나라를 사랑하는 낭만의 숨결이 살아 있었던 시대이었다

지금은 영양 있는 음식에 각종 물자와
온갖 과학 문명과 화려한 예술 문화가 넘치지만
오롯하고 진정한 낭만이 사라진 것 같고
사람다운 사람의 냄새가 사라져서 옹색해진 것 같다

거리에서도 경계해야 하고 따듯한 눈빛이 사라졌고
삼강오륜과 군신유의가 무너지고
조건부 사랑에 순결마저 사라져가는 세상 같다
국민의 재산과 국가의 미래 운명을 책임지겠다고 한
대통령이란 놈이 저만 살겠다고 도둑질에 연연했으면서
골수 좌파에 종북 주사파 빨갱이로 뻔뻔하게 행동하는 놈
국민의 동의 없이 국가 최고의 중요시절인

원전 산업을 봉쇄하고 한편으론
주적인 북한에다가 원전 설계도면을 서슴없이 넘겨주고
비밀리에 국부를 유출했다는 소문이 돌고 있다

그뿐인가 평생직장 은혜를 입었던
회사의 신기술을 빼내 저 혼자 호강하겠다고
신기술을 몽땅 상대적 나라 중국에다 팔아먹고
자신의 치부를 위하여 국민과 나라를 배신한
산업스파이가 뻔뻔스럽게 활개 치는 그런 세상으로

다시 한번 더 생각해 봐도 70년대 그 시절은
부족했지만 나라 사랑 애국심이 강했고
없었어도 서로서로 나누었고 위로했으며
어려운 상대를 가엾이 여기며 같이 아파해주었고
모르는 사이라도 같이 울어주었던 시절이었다
그때는 많이 부족했을망정 예절이 숨 쉬던 시절이었다
문뜩문뜩 낭만이 숨 쉬었던
그 시절 그때가 간절하다

강화도령

동 막 갯벌 갈대밭에 하늬바람 닿으면
더벅머리 강화도령 덩 실 덩실 춤추네
석양빛에 물 들은 구릿빛 미소 도련님
허공으로 던진 그물 바람도 피해 가네

온 백성 안녕 기원 태평성대 기원하는
더벅머리 총각 알고 보니 철종 임금님
나라님은 백성들 피눈물을 지워주려나
도령-도령 강화도령 어진 얼 그려지네

목단과 작약꽃의 사연

내가 목단과 작약꽃을 유독 좋아하는 이유는
목단은 나의 어머니 당신의 꽃이 셨고
작약은 6.25 전쟁터에서 평화와 자유를 위하여
공산 괴뢰집단과 전투하다 산산이 부서져 산화한
나의 아버지 영혼의 꽃이셨기 때문이다
나의 유년기 때의 흐릿한 기억 속에는
전쟁으로 서러운 세월을 만나
긴긴 겨울 전란의 끝머리 공포의 밤
호호 언 손을 녹여가며
남편이 좋아하던 작약꽃과
당신이 좋아하는 목단꽃을 밤새워
한땀 한땀 수 놓으시며
어쩌면 영영 이별이 될 작약꽃 일 줄도 모르는 채
꼭 살아 돌아올 것이라는 희망 하나로
베갯잇 감에 수 놓으시던 모습
한 여인의 기막힌 모습 슬픔과 아픔 속에서
아린 심정을 억누르며 견디어 내시던
고향이 평양 선교리라 하셨던 나의 어머니 서신길
노을 석양길에 다다른 자식이 새겨보니
이제야 눈물로 얼룩진 어머니의 기막힌 세월을
헤아려 볼 수 있으니 죄송하여라
기구하셨던 어머니 인생
마냥 마냥 미안합니다

바람이 뺨을 스칠 때마다

난, 내가 세상에 태어나 나를 위하여 힘내라고
처음으로 위로해 주었다
그 순간 심장 소리에도 기쁨의 여린 눈물에
무수한 별빛이 흔들린다는 걸 알았다
그리고 난 너의 맥박 소리로 바람개비를 돌리는 바람이
되었으며
우주의 하늘은 천지 창조 이전부터
청자색에 쪽빛이었을 거라고 내심 단정했다

바람이 불어오지 않으면 고요한 호수처럼 잠시 잠깐 나는
내 영혼이 좋아하던 기억을 살려내어 동심으로 젖어
들곤하였다
그다음엔 봄 바다 갯골과 갯골 사이에 뿜는 갯내음이
좋아서
딴청 부리거나 먼 하늘 흰 구름 계곡에 빠진 척하다가
멈칫멈칫 그만 이쯤에서 모든 걸 멈추고 싶었던
생각도 했었다
그뿐인가 갈대와 갈대가 부 비끼며 서로가 원하는
소리가 좋아
내 마음 같은 갈대 바람을 좋아하게 되었던 것도 이때
부터였다
그리곤

가끔 눈이 부신 햇살을 받으며 바닷가 가장자리에서
너불대는 물미역 춤이 좋아 그 자리를 떠나지 못하고 있다가
내 의지와는 상관도 없는 망각의 바람을 만나고부터는
얼마라고는 굳이 모르겠지만 너를 한동안 잊은 적도 있었단다
그렇게 지나온 세월 어느 모퉁이 어디쯤에서
시냇가 물줄기 속 윤슬 빛에 유혹하듯 춤추는 사금파리를
발견하고
약간은 서툴렀지만 너를 모자이크해놓고
뜬눈으로 설레던 마음을 지금도 곱게 간직하고 있다

심장이 쿵쿵 뛰었지

실 바람결에 흔들리는 윤 빛 머리카락
널 처음 보는 순간 단번에 반해버렸지
난 내 반쪽 찾아 세상 바다를 돌다가
너의 눈빛 미소에 심장이 쿵쿵 뛰었어

난 더는 속세 속을 방황하지 않으리
너의 손을 잡으니 온 세상 다 가진 듯
나는 너의 반쪽 너는 나의 반쪽으로
세상 끝까지 사랑의 노를 젓자고 했지

오매불망

긴긴 침묵으로
속절없이 애태우시더니
갈바람 오색 빛으로
그렇게 다가오신 그대가
곧 작별할 추풍낙엽
가을이셨나요?

긴긴 묵언으로
오매불망 속태우시더니
동짓날 함박눈으로
그렇게 찾아오신 그대가
곧 헤어질 엄동설한
겨울 이셨나요?

지구를 상상하면서

사랑 없는 세상을
홀로 살아가야 한다는 것을 생각하면
사해를 연상케 하고요

끝없는 우주에 달랑
지구만 있다고 생각하며
별빛 달빛까지 없는
하늘을 바라봐야 한다면
정말 황망할 것 같지 않을까?

생각해 보니
들어주고 품어주고
안아주며 얘기를 나눌 사람이 없는 세상
별빛 없는 우주
달 없는 지구라고 가정하면
바로 이것이 이승의
지옥이 아닐까 생각됩니다

토정과 정감록

밤하늘 별의 움직임이나
빛의 변화로 미래를 예언하며
세상일을 점치던 시대에 살았었던
이지함이 쓴 책자엔
해가 바뀌는 새해에 과거보다는
미래의 일들이 궁금하거나 불안하여 알아보고
대처하거나 위로받기 위하여 보는
토정비결 또는 정감록에 실린 말들을 맹신했던
옛사람들이 살았던 시대의
사람이 혹시 21세기인 요즘에 환생했다면
AI와 로봇을 귀신이라고 기고만장할 세상이라고
적응하지 못하여 정신병자가 되어
헛소리로 일관하다 혼절하거나 단명했을 것이다
그렇다,
지금 시대에 태어난 사람들도 해 갈려
낙오자 그림자처럼
침해 걸려 한심하게 방황하다
끝내는 포기하는 세상인데 더군다나
노령사회 100세 시대로 접어들어
너나 할 것 없이 준비 안 된
개판,
오 분 전 세상
노후의 나날을 어찌 헤쳐갈 수 있단 말인가?

풍경소리

사찰 지붕 처마 끝자락에 매달려있는
종을 풍경이라고 합니다
풍경은 바람이 불어주지 않으면 소리를 낼 수 없듯
소리를 내고 싶어도 바람이 불어주지 않으면
소리를 낼 수 없습니다
따라서 우리가 세상을 살아가는 동안에는
크던, 작던, 적던, 많든, 사물이든 사물이 아니든
쥐어지지 않든 쥐어지든
상대가 존재해야 소리든 마음이든 알 수 있기에
세상의 이치는 상대라고 여겨집니다
바람을 기다리는 풍경을 생각하면

한가위 스케치

농부는 가을 황금빛 들녘에서 자신감을 찾고
여름 내내 수고한 가슴은 풍선처럼 부풀어 오르고
농익은 유자가 새빨간 혓바닥을 드러내고 있으면
이 팔 청년의 팔뚝만큼 커진 수세미가
농사 주인인 아내의 눈과 마주치고 싶어 앙탈하고
빨간 고추잠자리가 산등성이를 맴돌 때
초록빛이 높은 구름 보고 행복하다고 말할 때
가시 뭉치 밤송이들은
엄마 날 찾아봐라, 풀숲에서 숨 박 꼭질 하고
여름 내내 까맣게 그을려 허기진 허수아비가
가을 풀벌레 소리 장단을 맞추어 바람 춤을 추며
주인 발소리를 기다리며 견디었다고 고백하네

가을빛이 짙어지면
보름 한가위라고 둥근 달빛 아래로
객지 타향에서 새끼들이 보따리에 바리바리 싸 들고
늙은 아비의 땀 냄새
엄마의 젖 냄새를 맡으러 왔으면서도
삶의 고랑이랑 주름을 주물러주는 전사가 되었다가
전쟁터 도시로 떠나며
이젠 농사짓지 말라고 너무 쉽게 내뱉는다

3부
루비콘강

더럽히지 마라

운명이라는 핑계로 실수라는 이유로
남아 있을 날들에 오물을 묻히지 마라
숙명이라는 말도 안 되는 구차한 변명으로
남아 있는 날들에 낙서하지 마라

욕망이라는 이유로 순결을 버리지 마라
남아 있는 눈부신 날들에 결례하는 것이니
순결은 나이와 상관없이 소중한 것
남아 있는 날들을 더럽히지 마라

루비콘강 건너에서

열 번 백번이라도
참고 또 참아 냈어야 했는데
순간의 인내와 수양 부족으로
건너서는 안 될 루비콘강을 건너
강 건너에서 있는 나를 내가 바라보았네

이젠 되돌아가고 싶어도
돌아갈 수 없는
루비콘강은 말이 없네
손으로 물을 주워 담을 수 없듯
내가 나에게 했던 말에
내가 그만 졌다

미소

미소는 꽃이고 예술이다
눈웃음의 황홀감은 전위예술

사람의 미소는
신이
인간에게 준
최상의 무기이고
진실을 표현할 수 있는
조건 없는 최고의
선물이다

바람

당신이 보고 싶다면
화살 되어 날아가리다
내가 보고 싶다면
빛처럼 찰나로 오세요

당신이 오라 하면
어디든 못 가리요
내가 보고 싶다 하면
하늬바람으로 오세요

비밀

소중한 것을 조건 없이 내줄 만큼의
친구라 해도
비밀만큼은 만들지 말 아야 하겠다
그래야
우정을 오래 유지할 수 있다

그래도 비밀을 가져야 한다면
비밀의 십자가에 매달려서
일생 고통을 감수해야 할 준비를 해야 할 것이다

비밀은 불행의 씨앗으로
관계가 소원해지면
언제 어디서든 발아될 수 있는 씨앗이고
뚜껑이 열릴 판도라 상자이다

사후에 대하여

명확하고 시원하게
말할 수 없고 표현하기 힘들었었던
사후의 세상에 대하여
언젠가 그 누구라도 떠난 후의 세상도
내가 살아 있을 때처럼
지구는 변함없이 자전과 공전을 하고
태양은 뜨겁고 별은 빛나고
꽃은 피고 지고
달은 초승에서 금 흠으로 변하고
살아 있는 사람들은 여전히
자신의 생존을 위하여 먹이와 몫을 찾아
속고 속이면서 투쟁하는 세상이라는 그것과
사별로 땅을 치며 통곡하던 슬픔도 서서히
망각해야지 그래야만 견딜 수 있다
인간의 순례는 그렇게 반복적으로 이어져 왔고
그렇게 이어질 것이라는 그것을
다만 살아 있을 때
세상 이치와
순리를 깨달았을 뿐이다

아련한 기억

어렸을 적
코 흘리던 시절의
동무들은 다 어디로 갔을까?
철없던 어린 시절엔
슬픔이 뭔지도 모르면서
눈물이 뭔지 모르고
동무만 곁에 있으면 즐거웠었는데
그 시절엔
짝 동무가 서럽게 울면
나도 덩달아
글썽이다가
종 내는 같이 슬피 울어 주었었는데
그 동무들은
지금 다 어디에 머물까?

어떤 기다림

언제 어떤 기별을 주려나
이따금 간절하게 생각나는 사람
바람에 날리는 낙엽만 봐도 떠오르는 사람
한번은 만나 질 것만 같은 사람인데
인연이 다 한 사람인가?
그 옛날엔 전보를 잘 치던 사람이었는데
이젠 전보마저 사라진 세상으로 변했으니
더더욱 망막하기만 하네
그래도 잊지 말고 기억해두자
한 세상을 살아보니
세상엔 친구만큼 귀한 관계도 없으니까
사람은 사랑과 우정을 조건 없이
주고 또 주는 동물이니까
언제라고 할 수는 없지만 아름다웠던
추억으로 간직해 두자

운명

당신은
내 운명입니다
언제까지 짝사랑할 수 없어서
지금 고백하겠습니다
당신의 미소 몸짓 눈빛부터
해맑은 영혼까지
몽땅 다 좋아하니까
고백합니다
세상 끝까지 같이 가겠다고
활화산 같은 마음으로
변함없이 함께하겠다고
약속하겠습니다
당신은 내 운명이라고
고백합니다

헛물

내 차례가 오려면 아직 하 세월인데
어쩌면
영영 안 올지도 모르는데
기대치의 달콤함은
입안에서 다 녹아 버렸네
헛물 켰다가
실망하는 날이면
그야말로 김칫국 먼저 마시는 격인데
더군다나 기우가 현실이면
그 실망감에 오는 좌절감이 태산일지도 아니면
평생 갈지도 모르는 일인데
상대는 더더욱 언감생심일지도 모르고
나 혼자
헛물, 켜는 건 아닌지?
모든 것이 아우러져 이루어질 때
그때가 진정한
로또 같은 날이 아닐까?

희망 때문에

나무들은 무성했던 잎사귀를 떨구고
차디찬 폭풍 눈보라를 받아 내며
다시 찾아올 희망의 새봄을 준비하느라
한겨울 차가운 한 줌 햇살에도
푸르른 오월을 꿈꾸고 있다

마디마디 잎을 틔우면서
한여름 무더위를 이겨내려 한 깊은 뜻도
천고마비의 높푸른 가을
쪽빛 하늘과 우주를 바라보기 위하여
국화는 찬 이슬을 맞으면서도
흩어짐 없었구나

4부

사랑이 존재할 때

해 오름 동산에서 언젠가를 회상하며

어디선가 귀에 읽은 소리가 들려요
아마도 언제인가 당신과 함께 불렀던
음악인 것 같아요
싱그럽고 눈 부신 햇살 속에서 바람에 흐트러지듯 날리던
하얀 아카시아꽃 잎과 향기가 코끝을 휘감아 돌아요
그때의 기억에
그 순간 더는 발걸음을 다른 곳으로 옮길 수가 없어요
갑자기 당신을 옆에 두고도 당신이 그립던 순간
그때를 떠 올리면 순간 아무것도 할 수 없을 것 같아요
시선이 움직이지 않던 모습이 생각나요
다시 생각해 보니 난 한순간도
그때를 잊어 본 적이 없었던 것 같아요
다시 한가지가 또 기억으로 떠오르고 있어요
서풍에 산 벚 꽃비가 휘날리는 모습과
이어서 라일락 향기
그리고 아카시아 향기가 앞마당을 휘감아 도는
어느 봄날에
맥주잔과 소주잔을 곁들여 한잔 씩 하고
오카리나를 연주하며 행복했었던, 그날 그때
그 모습 순간을 잊을 수 없어요
예쁜 정원을 꾸미겠다고 아픈 손가락 손목
허리 무릎의 통증을 참고 견디던
그런 생각들이 스치면서

뜨거운 눈물이 텅 빈 가슴을 채우다 넘쳐흘러
진흙 속으로 스며다가
실개천을 타고 서해로 갔다가
남태평양 어느 쪽으로 흘러 흘러가는 것 같아요
우리가 얼마나 더 푸른 이 세상에 머무를지 모르겠지만
또 부귀영화를 누려주지는 못해 미안했지만
아름다운 자연 속에서 사랑을 알았습니다
그 마음 변함없습니다

가자 파라다이스로

너와 함께라면
이제는 두렵지 않다
험한 세상 널 만나 희망 생겼다
웃음이 생겼다
가끔 기쁨도 가졌었다

너와 함께면
어디든 무섭지 않다
세상 바다를
빙글빙글 돌고 돌아 온건
어쩌면 널 만나기 위한 순례였다
꿈이 있었다

나와 함께
가자 어디든 가보자
손잡고 가자
둘이 떨어지지 않게
손깍지 끼고

이제부턴 옆도 뒤도
돌아보지 말고
묻지 말고
파라다이스로 가자

꽃이여 사랑이여

세상 제아무리 예쁘고 향기로운 꽃이라 해도
벌 나비 찾지 않으면 꽃이라 할 수 없네
시들지 않고 지지 않으면 꽃이라 할 수 없듯
천하일색 양귀비가
욕망의 절정에서 질투하던 금어초도
오월을 다 삼키고 하늘까지 넘보던 장미도
돌아서면 울어버릴 것 같은 물망초도
한 번 사랑으로 죽어야 하는 독 당근 꽃도
영원한 애정의 보랏빛 튤립도
어떤 유혹에도 흔들리지 않을 순애보 삼색제비꽃도
용광로보다 더 뜨거운 사랑 꽃 선인장도
세상 두 번째라면 서러워할 청초의 금작화도
후회 없을 사랑의 상징 샤프란 꽃잎도
애절한 속삭임으로 고백하던 은매화도
청순 하나로 하늘을 다 품던 수련도
백 년의 사랑과 영원성을 찬미하던
헬리오트로프 꽃잎도
당신만을 위하겠다는 이성의 꽃 붉은 동백도
때 되면 다 어디로 가네
어김없이 다 사라지는 꽃이여
불보다 더 뜨거운 사랑이여
사랑의 꽃이여

꿈속 같은 인생

어제의 삶도
오늘의 일상도 생각해 보면
다 꿈길을 헤매는 듯 그러하네
세어 보고 그려보면
별것도 아닌 데
아둥, 바둥 안달해 봤자 거기서 거기 걸
백 보 백 이십 보
사랑도 알고 보면 내 손에 손금
인생 보따리 풀어 보면 먼지만 날려
그래도 지나간 날이
가끔 그리워지는 것은 무슨 까닭일까?
오늘 밤 별이 뜨면
별 하나 나 하나 세다 보면서
꿈속에 꿈으로
그리운 사람 만나지려나

번민

수억 년 전의 생명체들도
수 만 년 전의 사람들도
나와 같은 시대에 어울렸던 사람들도
크고 작은 인연들로 스쳐 간
모든 생명과 사물들도
내가 사라진 아득한 이후에도
또다시 이어지며 왔다 갈 모든 생명과 문명
언젠가는
지구라는 별이 우주에서
태양과 달과
수많은 별 들과 함께 사라진다면
결국,
지구의 모든 역사는
먼지에 불과할 것
사후 세계에 일어날 아득한 것들의 번민
상관없는 것을 두고
염려나 걱정을 하지 말자

보랏빛 도파민

눈부신 당신을 처음 본 그날은
온몸이 영롱한 이슬빛에 감겼었어요
잠깐 사이 온몸에
도파민의 전율로 정신이 아득해졌었지만
난 지금도
그때의 기억을 소중하게 간직하고 있어요
보랏빛과 무지개 사이를 오가던 야릇한 황홀감
그날은 보랏빛 도파민에 감전된
그 황홀감에 아무것도 할 수 없었어요
때론 행복하다는 것이 두려웠어요
지금도 순수의 도파민에 감사하고 있습니다
그리고 지금까지 당신을 바라볼 수 있다는 것에
가슴이 벅차올라요,
내 곁에 당신이 당신 곁에 머무는 고마움에
더는 다른 큰 욕심 바램에
소망은 꿈꾸며 소원은 지우겠습니다

사랑은 무지갯빛

사랑은 시작도 순백의 사랑이어야 하고
끝도 순백의 사랑이어야 합니다
사랑은 마음속에서 존재하는
그때까지만 잠시 잠깐의 신기루 같은 것입니다

그렇지만
사람은 사랑을 떠나서는
아무것도 이룰 수 없습니다
따라서
가슴에 불타는 사랑이 없는 사랑은
무미건조한 마른 잡초에 불과 한 것입니다

순백의 사랑 조건 없는 사랑은
세상과 무관 것입니다
사랑은 오직 이며
볼 수 없고 잡히지 않는 감정이기에
생명의 신 조물주도
어찌할 수 없는 끝없이 높은 하늘 같으면서
오아시스와 신기루 같은 것입니다

어머니는

어머니는 나에게 사랑의 힘이 되는
희생과 인내를 가르쳐 주신 분입니다

어머니는 심장의 리듬과 맥박
달과 별과 물과 공기가 동시에 존재하는 이유와

그리고
태양과 우주의 섭리자 이신
신의 계획을 이해시켜 주신 분입니다

우리 집 소나무 이야기

우리 집 연못가에는 이 백 살배기 토종 홍 송 소나무가
살고 있습니다
그 소나무 속엔 비와 눈바람과 세월이 수놓은 나이테
무늬가 있는데요
그 무늬 속에는 대한민국의 근대 역사와 사연들이 배어
있습니다
그 나이테는 살아서도 죽어서도 태우기 전에는 지워지
거나 사라지지 않습니다
고귀한 생명이 유명을 달리하는 태풍으로 두려웠던
기억과 역병이 창궐하였던 공포의 세월과 가뭄으로
숨이 막혔었던 고통의 시간이 있었지만 그렇지만
어느 때는 짝짓기 새들로부터 덩달아 황홀했던 순간들
도 있었습니다
그리고 나름 고백하기 싫은 죽을 만큼 외로웠었던 순간
어쩌면 숨기고 싶은
비밀스러운 이야기도 더러더러 있었습니다
우리 집 이백 살 소나무는 나이테 증거로 증언합니다
다시는 떠 올리고 싶지 않은 6.25 전란 때의 포성
고약스러운 인간들이 저질렀던 동족상잔의 전쟁은 서로
가 삼천리강산을 피로 물 드리고서야 결국 모든 걸 다
잃고 끝났지만 이어지는 배고픔과 혼란 속에서 나라를
건국하신 지도자이셨지만 백성의 배고픔까지는 해결하
지 못한 채 혼탁한 정변으로 다시 공포와 불안에 떨고

있을 때 한 분의 지도자가 혜성같이 나타나 새마을
운동을 주창하며 18여 년간 동안에 대한민국을 기적적
으로 번창시키고 이룩하신 이후 바람처럼 사라지셨는데
그 이후 배에 기름 차고 살만해지니까 먹고 마시고
춤추다가 IMF라는 위기를 맞아들이게 되었을 때
그 위기를 빙자해 전 국민을 기만하여 금 모으기 운동이
랍시고 금을 모아 몽땅 제 아가리로 처넣고 알짜 기업을
타국에 팔아넘기며 컨미션을 챙겨 먹은 원조 빨갱이가
있었던 세월이 가고 나니 새끼 빨갱이가 열린 세상이라
고 떠들다가 객사하고 이어 똥가라는 놈이 원전을
몽땅 정지시키고 어린 정은 이라는 놈과 그의 누이가
삶은 소대가리 라고 해도 희죽, 희죽 하던 놈이 사라지
고 나니 이젠 국민을 우습게 알고 전과가 몇 개나 되는
사기꾼이라고 하는 놈이 대통령 되겠다고 나서
온갖 술수와 기만으로 아나 무인 격으로 지랄발광하며
당 대표로 둔갑 수준 낮은 당파 싸움과 이념
다툼과 갈등으로 온 국민에게 스트레스를 주고 있어도
아무 저항이나 반항도 못 하는 바보들로 추락한 국민이
미치지도 않았는데도 같이 희희낙락 미쳐 잘난 놈들이
강 건너 불구경하듯 수수방관하고 있으니 머지않아
나라는 처절하게 괴멸되어 사라질 것이 자명해 보이는
데도 똑똑한 놈들은 어차피 세상이 말세로 가는데
내가 왜 총대를 메고 개 피를 보냐 하며 너도나도 같이

망하자 하는 세상으로 추락하고 있습니다
이젠 구세주가 나타나도 구원받을 기회를 상실하고
있는 대한민국이 눈물로 호소해도 아무 소용없는 말기
암에 걸린 것이 분명해 보입니다
이런 와중 우리 집 이백 살 소나무가 나에게 귀띔합니다
주인님 그동안 신세 많이 졌습니다, 그리고 나름 행복
했습니다.라고 하며 저는 차라리 카스트 제도와 불가촉
천민이란 불편한 제도가 있기는 하지만 육체적 쾌락이
법으로 보장하는 〃까마〃 라는 제도가 있는 인도로
가겠습니다.~한다
이젠 구제 불능이고 희망이 사라져 가고 있는 대한민국
입니다

월계관 사랑

사는 일이 죽을 만큼 힘들고 어려워도
당신 가슴에 그리운 이름이 하나 있다면
그 사랑은 시들지 않았다는 증거입니다

세월이 까마득하고 아득하게 흘러갔어도
가슴에 지워지지 않은 얼굴이 있다면
그 사랑은 불씨가 살아 있다는 것입니다

이 시(詩)를 읽고 있는 당신에게
자신의 목숨과도 바꿀 수 있는 사랑이 있다면
당신의 사랑은 월계관 사랑입니다.

기억

잊지 않을 겁니다
끝까지 기억하겠습니다
어느 날 어쩔 수 없이
어느 순간 당신보다 내가 먼저
당신이 나보다 먼저 떠난다 해도
난 내가
당신과 함께 씨줄과 날줄로 엮어 왔었던
소중한 날들을 다 기억할 겁니다
오래오래 다 기억하고 새길 것입니다
혹여
모래알보다 더 작은 것이라도
잊지 않을 것입니다
혹시 침해가 덮쳐도 사랑했던 그 날들만큼은
정녕 잊지 않을 것입니다
당신 하나만큼은.~

탄성

우연히 스쳐 간
아기 천사의 눈부신 미소
죄 없는 해 맑은 영혼

내 속에 그 탄성이 그대로 머물며
희망과 꿈을 갖게 해 주었지
순간과 찰나 사이
영롱한 교감으로 배어들어

감동에서 탄성으로 가슴에 머물며
맑은 혼 빛이
지금까지 있어 주어서 감사하다

태양 같은 말

단 한 번 들었어도
평생 잊히지 않는 말이 있습니다
그 말은 사랑한다는 말입니다

사랑한다는 그 말 한마디를 가지고
일생 가슴 깊이 새겨가며
힘들고 지쳐있을 때마다 그 말을 떠 올리며
희망으로 살아가는 사람들이 많습니다
그리고 보면 사랑한다는 말은
따라서는 죽음과도 바꿀 수 있는 생명과도 같은
세상에서 제일 존귀한 말입니다

사랑한다는 말
그 말은 병들어 누워 있다가도
힘 되어 희망으로 다시 일어나는
태양 같은 말입니다

5부
영원하라 대한민국이이여

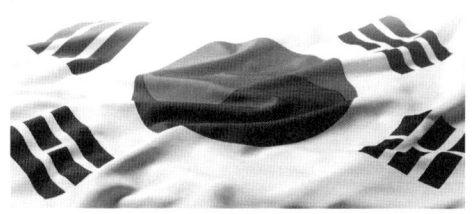

격동의 순간들을 회상하며

한 치 앞을 모를 혼탁한 세상
무소불위 좌파 종북 주사파 무리가 불법으로
정권을 찬탈 장악하여 선무당 깽판 치듯 하여
국가의 대들보가 무너지기 전의 현실이다
그렇지만 나는 어디서든
이것만 보면 심장이 고동치며 힘이 솟는다
그것은 내 나라 대한민국의 상징 태극기 때문이다.
나는 태극기만 보이면 눈물 쏟는다
그 이유는 내가 태어난 이 땅 대한민국의 역사와
태극기의 시련이 떠오르기 때문이다
거리를 걷다 태극기가 펄럭이는 모습을 보면
몇 날 며칠이라도 좋으니 오직 한마음으로 돌아가
태극기만을 휘날리다가 쓰러질 그 순간까지
걷고 뛰며 목이 터져 피가 솟구치더라도
애국가를 부르며 통곡하고 싶은 심정이다
6. 25 동란 전장 터에서
새파란 영혼으로 총탄에 쓰러진
영혼이 착한 나의 아버지 장남수의 혼 빛과
그의 아내인 나의 어머니 서신길씨
평양에서 남편 따라 자유를 찾아 월남하였지만
이내 6.25 전쟁터로 쓸려 간 남편이 살아오기를 고대하다가
새파란 청춘 39세에 아직은 여물지 않은 자식을
홀로 험한 세상에 남겨둔 채 눈 감으신

나의 어머니 영전에 명복을 올리며 완전한 해방과
자유와 평화를 위해 목숨 바치신
위대하고 숭고한 정신 영웅들을 회상하며
고단한 육신이지만 쓰러질 때까지
애국가 부르며 태극기를 휘날리고 싶다

광화문은 자유 평화 민주주의 성지

광화문 사거리는 대한민국 건국의 성지
이곳은 자유와 민주주의 심장
한때는 민주와 자유에 목마른
젊음이 목숨을 걸고 투쟁하던 성지였다
그런데 언젠가 이상한 사상에 물 들은 사람들이 밤마다
태극기가 아닌 촛불을 들고 이유 같지 않은 이유로
보수와 자본주의를 부정하는 무리로 변질하더니
끝내는 좌파와 사회주의를 지지하는 종북세력 무리와 결탁
자유민주주의 정권을 무너트리고 찬탈하였다

지금은 해방과 전란기를 겪은 세대들이
허기진 배를 채우는 일로 정신없이 살아온
늙고 쇄 잔 해져 힘없는 발걸음으로
할아버지 할머니들이 태극기 들고
자유와 민주주의를 지키겠다고
토요일마다 광화문 거리로 나와
자유와 민주주의는 우리의 목숨과 바꾼 성지라고
피를 토하는 심정으로 자유가 아니고
민주주의가 아니면 죽음을 달라고 울부짖고 있다
이곳 광화문은 자유민주주의의 성지이고 표상이다
가슴속 깊은 곳에서 우러나오는 애국심으로
애국가를 부르고 태극기를 흔드는
애국자들의 성지다, 이곳은

나는 평화를 사랑하는
자유민주주의자이며 시인이다

나는 자유민주주의 대한민국을 뜨겁게 뜨겁게 사랑하는 시인.
나는 내 나이 3살 때 6. 25전쟁으로 아버지를 잃고 17세에 어머니마저 잃고 거친 풍랑의 시대를 헤치며 억세게 살아온 운 좋은 76세의 영혼이 청년 같은 노인이다.
나의 아버지는 일본 유학 중 1945년 8월 15일 미국의 원자탄 폭격으로 일본의 식민지인으로 살아오다가 억압에서 해방되면서 신문명의 산실인 평양으로 갔다가 나의 어머니를 만난 것으로 알고 있다.
당시 나의 부모님은 날로 공산당의 횡포가 심해지는 것을 우려한 외조모님의 권유로 1947년 평양에서 자유를 찾아 남한으로 왔으나 3년 이후 1950년 6월 25일 김성주라는 본명을 버리고 김일성으로 개명하고 1948년 조선민주주의인민공화국(북한)의 초대 수상으로 선출되었고 이후 국가주석으로 지내며 종신 통치자로 군림한 김일성이가 소련(러시아)과 중공(중국) 사회주의 공산국가의 힘을 빌려 동족 전란을 일으키는 주범으로 전쟁을 도발한 것이다.
반 토막으로 허리를 짤 린 한반도 삼천리는 이산의 아픔으로 74년이란 긴긴 세월을 대치하며 어쩔 수 없이 지금까지 버텨왔고 살아내야만 했던 대한민국의 운명 속에서 필자 역시 격랑의 세월을 용케도 견디어내며 늙어 왔다.

지금 나는 운이 좋아 시 詩를 쓰는 시인으로 변해 있으며 어쩌다 가곡도 발표하였고 요즘은 대중가요도 작사도 해 봤다. 그런데 늘 기쁘고 행복해야 할 노년을 보내야 할 내가 늘 마음 한쪽이 저리고 아프고 슬프다. 그 첫 번째 이유는 6.25 전쟁 당시 서부전선에서 전사하신 아버지의 유골을 찾지 못했기 때문이고 두 번째는 지금 내가 살아 있는 동안 사랑하지 않으면 사랑 할 수 없는 나라 삼천리 반도 금수강산이 통일은 언감 생심이고 남남갈등 속에서 나라를 사랑하지 않는 극렬 좌파와 종북세력과 북한의 공산주의 주체사상을 동경 하며 지지하는 세력들로 인하여 빨갛게 물들어 있는 현실을 직감하고 있으니 기쁠 수가 있나 오히려 눈만 뜨면 나라 걱정으로 울화가 치밀고 화가 치밀어서 영혼이 아프고 슬픈 시인이다.

아득한 옛날 조선 중기 (1545년 4월 28일 음력 3월 8일) ~ 1598년 12월 16일 음력 11월 19일))의 무신 시호 충무 이순신(李舜臣)장수 (무신) 장군님 약관 50세 로 전사하는 순간에도 적에게 나의 죽음을 숨기라고 까지 하며 나라를 걱정하신 이 나라 그리고 그런 나라의 후손들이 어찌 이렇게 타락해졌고 더럽혀 졌단 말인가? 1637년부터 1692년까지 55세를 살다간 西浦 김만중은

구운몽. 사씨남정기. 서포만필. 서포집. 고시선. 등의
당대 최고의 저서를 세상에 내놓은 조선 중 후기 문신이
자 소설가이었으며 나라의 미래를 염려하며 걱정하던
최고의 성리학자가 있었다
그는 장희빈을 총애하는 숙종의 면 전에 의도적으로
조석 베갯머리 송사냐? 로 비아냥하였기에 그로 인하여
보사원종(保社原從) 1등 공신 자리에서 파직당하면서도
나라를 임금을 올바르게 인도하려던 선조의 피가 흐르고
있건만 어찌 작금의 대한민국의 현주소는 개보다도
못한 인간들로 북적거리는 파탄 직전의 세상으로 변했단
말인가?
더군다나 작금의 더불어민주당의 헛소리 거짓말 팔이로
엿같이 발악하던 뻔뻔한 얼굴, 그리고 방송인 선동의 앞
잡이, 여당의 주군을 사지로 몰은 집권당 이외에도 일류
이류 삼류 딴따라 가수 무명연예인들까지 뇌동하며
합세하여 나라를 망치게 하는 무리로 영혼이 무너진
똥 기계로 전락되었단 말인가? 아! 슬프도다

나라 꼴 어찌하면 좋을까?

나라는 좌파 당과 미쳐 날뛰는 종북 주사파 무리의
무모한 짓으로 지금은 1조 딸 라 넘어 빚쟁이 신세
멀지 않아 몇조 딸 라 빚쟁이로 추락해 경제 지옥으로
모두 다 거지꼴로 울음소리로 울부짖는 형국이 될 것 같다
여기도 저기도 하나같이
모두 다 갈팡질팡에니 개판 직전이다
기울어진 운동장을 바로 잡아 줄 애국 지도자 없어 슬퍼라
그뿐인가 여당의 국회의원들이란 놈들은 의협심 없고
올바른 말 한 번 못하는 서리 맞은 농아로 초라한 신세
언젠가 무궁화동산에
힘차게 펄럭이던 태극 깃발이 새삼 그립구나
내년이면 좋아질까?
내 후년이면 나질까 목을 빼도
희망의 빛은 언감생심 가슴만 답답하여라
새파란 싹들은 제가 잘나서 출세 한 줄로 착각하고
앞길이 구만리 같은 철부지 청소년들은
텔레그램 저질 문명의 늪으로 빠져 중증 정신병자들로
끝없이 추락하고 있으니
과연 나라는 결국 언제 어떻게 망할 것인가?
고요의 아침 나라 동방에 금수강산
대한민국의 내일이 정말로 걱정이구나

다시 한번 더 손에 손잡고

우리 엉킨 타래 갈등 풀고 하나로 뭉쳐
모두 다 손에 손잡고 다시 거듭나 보자
우리는 할 수 있어 뭐든지 이룰 수있어
이제 다시 한번 더 한강 기적 이뤄보자

고요한 아침의 나라 삼천리 방방곡곡
우리의 표상 무궁 무궁화 동산 만들자
우린 반만년 단군 자손 홍익 얼 후손
뜨거운 가슴으로 대한민국 만세 외치자

아 아 자랑스러운 대한민국 금수강산
모두 다 손에 손잡고 다시 일어나 보자
다시 한번 힘차게 세계로 뻗어 나가자

독도는 행복하고 건강해야 합니다

독도는 상처받지 말아야 하고
언제든지 행복해야 하며
아프지 말아야 합니다
독도는 대한 동해의 표상이고 기상의 상징인데
1904년 일본과 러시아와의 전쟁으로 아픔을 보았습니다
그리고 1905년
1145년 삼국사기 기록과
1454년 세종실록에서도 분명하게 기록되어 있고
1900년 칙령으로 선포하였고, 또다시
대한민국 초대 이승만 대통령께서는
독도와 대마도를 대한의 땅이라고
세계만방을 향하여 선포하셨습니다
그리고
일본도 1877년 일본의 공식문서인 태정관 기록에도
독도는 일본의 땅이 아니라고 선언한
기록이 존재하고 있습니다
그러하니
독도는 자존심을 잃지 않고 당당해야 합니다

무궁화 꽃님이시여

당신은 어둠을 헤치며 떠오르는 일출 햇살에 빛나는
영롱한 새벽이슬을 머금은 무궁화 꽃님이십니다
님은 우리들의 가슴속에서 영원히 시들지 않을 님이시고
언제까지고 꺼지지 않는 우리의 혼불이며 희망이십니다.
그리고
우리는 일편단심 당신만을 바라보는 해바라기입니다.

님이시어 우리가 사랑하는 자유민주주의의 왕이시어
여명의 빛과 새벽을 알리는 희망의 기척이
저기 저만치 앞에서 기침하고 있습니다

조금만 더 참고 또 참아내시며
인내하시고 힘내시어 꼭 이겨 승리자가 되어 주십시오.
멀지 않아 악의 무리 들은 평화를 지향하는 신의 저주로
끝내는 땅을 치며 검은 피를 토하고 쓰러질 것입니다

영혼이 곱디곱고 아름다우시며 끝없이 고우신
우리들의 왕이시어
지금 육신은 얼마나 힘드시고
영혼은 또 얼마나 아프시며 괴로우신가요?

우리는 다 알고 있습니다.
육신의 아픔과 고통은 죽을힘을 다해

참아내며 이겨 낼 수 있겠지만,
맑고 순결한 당신의 영혼이
무지하고 무례한 무리로부터 짓밟혀 생긴
상처와 상한 자존심의 상체기는
얼마나 쓰라리고 아프시며 괴로우십니까?

아마도 저희라면 벌써 미쳐 버렸을지도 모릅니다.
그러한 당신은 한 치의 흔들림도 없이
너무나 초연하게 잘 견디어 내시고 계십니다.
너무나 장하시고 훌륭하십니다.
정말로 훌륭하시고 또 장하십니다

무궁화 꽃 님이시어
밤이 끝나면 새벽이 오고 겨울 가면 봄 오듯
멀지 않아 눈부시게 찬란한 일출의 태양은 반드시
찬연한 승리의 빛으로
당신과 우리들의 머리 위로 떠 오를 것입니다

무궁화 꽃님이시여
당신의 어머니는 눈부신 학이셨고
당신의 아버지는 지구상에서 가장 가난하였던
이 나라 대한민국의 보릿고개와 가난을 물리치시고

튼튼한 반석을 만드시고 대들보를 세워
자주국방과 함께 한강의 기적을 이루어 내시고
선진국 대열로 진입하는 길과 다리를 만들어 놓으신
용맹스러운 성군이셨으며 영웅이셨습니다.
우리는 역사의 바퀴를 잘 기억하고 있습니다

사랑하는 무궁화 꽃님이시여
당신에게는 우리가 있고
우리에게는 당신이 계시기에
우리는 외롭지 않습니다

사랑합니다, 누구를요? 무궁화 꽃 당신을요,
우리는 우리들의 왕이신 당신을 위하여
희망의 모닥불을 피워놓고
새벽하늘 동녘의 샛별을 바라보며
변함없이 한마음으로 기다리겠습니다.
누구를요? 당신을요.
무궁화 꽃 우리의 왕이신 당신을요.

Mugunghwa Flower Oh, my God

Poet Jang Young-joon

You shine in the rising sun through the darkness
It's Mugunghwa flower with bright early morning dew
You will never wither in our hearts
It is our marriage and hope that will never cease
And
We are sunflowers who only look at you with a single mind

You are the king of liberal democracy that we love
The light of dawn and the sign of hope that signals the dawn
He's coughing in front of me

Please hold it in a bit longer
Please be patient and cheer up and win and be the winner
It's not far away that evil groups are God's curse for peace
The end will hit the ground, vomit black blood and fall down

She's so beautiful and beautiful
He's our king
How tired is your body right now
How painful and painful is your soul?

We know everything
The pain and suffering of the body will do its best
I'll be able to hold it in and get through it'
Your clear, pure soul
caused by being trampled on by a group of ignorant
and rude people
The upper body of hurt and broken pride
How bitter is it, how painful is it?

Maybe we're already crazy
You don't have to shake an inch
You're enduring it so well
You're so great and amazing
You're really great and you'really great

ID Mugunghwa Flower
When night ends, dawn comes, and when winter

comes, spring comes
Not far away, the sun of the glorious sunrise must be sure to
in a triumphant light
It will float over you and our heads

Dear Rose of Sharon
Your mother was a brilliant crane
Your father was the poorest man on Earth
I hope you can overcome the poverty and the Borit Pass of this country, Korea
Make a strong rock and build a beam
I hope you achieve the miracle of the Han River with self-
You've built a path and a bridge to enter the ranks of advanced countries
He was a brave saint and a hero
We remember the wheels of history very well

Dear Rose of Sharon
You have us
Because we have you
We are not lonely

I love you, who? It's you, Rose of Sharon,
We are here for you, our king
with a bonfire of hope
Looking at the new stars in the early morning sky
We'll be waiting with one mind
Who? You
Mugunghwa flower You are our king

위 시의 탄생 배경은 2018년 1월 30일 오후 1시 서울 송파구에 있는 서울 웨딩 타워에서 박근혜 대통령께서 종북 좌파 주사파 세력에 의하여 구금되어 계실 때 이에 항거하기 위하여 뜻을 같이하는 우파 동지들과 자유민주주의 구국연합회라는 단체를 조직하여 행사를 치르면서 본회 고문이었던 장영준 시인이 작시하고 낭독한 詩다

The birth background of the poem above is a poem written and read by poet Jang Young-joon, who was an advisor to the plenary session, while organizing an event with right-wing comrades who agreed to protest when President Park Geun Hye was detained by pro-North Korean left-wing juche forces at the Seoul Wedding Tower in Songpa-gu, Seoul, at 1 p.m. on January 30, 2018

미친개와 바보들이 사는 세상

1964년 영양 청기 토곡에서 태어났다고 하는
어느 자격 미달의 한 놈이 언제서부터 인지 모르겠지만
작금의 2024년 하반기 대한민국과 정의로운
애국 충정 우파시민들의
영혼을 무너트리며 신성한 국회를
엿장수가 엿을 마음대로 주무르고 자르듯이 하는
그놈이 대한민국 대표 엿장수가 되어 지랄발광하는데
그놈을 어떤 경상도 출신 놈은 그 작자를 아버지라고 하는
후레자식까지 나타나 아부하고 하는데
그런 작자와 그놈을 따르는
개 딸년들과 함께 홍익인간 백의민족의 혼과 피를 이어받은
영혼이 맑은 우파시민을 기만하는 놈이 있는데
이놈의 치졸한 행동을 넋 나간 상태로 멍하니 바라만 보는
바보들이 있다는데 그 숫자가 무려 4천만 명은 족히
넘을 거라는데
조만간 세계기네스북에도 오를 거라는 소문까지도
자자 한데
우파바보 시민 여러분
이걸 그놈을 그냥 놔두고 우리가 진정 비겁한
바보가 되어서야 하겠습니까? 그래야만 하겠습니까

민족의 수난

오늘의 대한민국은 1900년대
양반과 머슴으로 구분된 채 신문명을 거부하며
구습의 세상을 고집하던 미개한 선조들이
제국을 꿈꾸던 섬나라 일본 왜놈들에게
이씨 왕조 조선을 수탈당해 주권이 사라진
무정부 상태에서
나름 왕권을 거부하던 세력들이 규합
중국 상해로 도망가서
국호가 없는 무정부 상태에서 대국민 결의 없이
임시 정부라는 간판을 내걸고
자칭 지도자라고 자청하며
국권을 회복하겠다고 나선 무리가
자신들이 건국한 것이라고 우기는 꼴이 된 것이다
우리의 건국과 광복(光復)은
미국 맥아더 원수의 결단으로 일본 땅에 원자탄을 투하
일본 천황으로부터 항복문서에 서명을 받으면서
어부지리로 뺏겼던 조선을 되찾으면서
잃었던 빛을 되찾으면서 미 군정으로부터
이승만이라는 독립운동가에 의하여
비로소 반쪽 상태의 대한민국이라는 이름으로
나라가 건국되어서 탄생하게 된 것이다

박정희 대통령의 연설 기도문

나의 소원은 이 땅에서 가난을 몰아내고
통일 조국을 건설하는 것입니다
우리가 바라는 사회는 소박하고 근면하고 정직하고
성실한 서민국가가 바탕이 된
자주독립의 민주사회입니다
우리의 적은 빈곤과 부정부패와 공산주의입니다

소나무와 태극기

남산 소나무 사계절 언제나 의연
함박눈 몰아쳐도 그 기상 변함없어라
온갖 영욕과 수난 말없이 받아낸
남산 소나무 휘영청 언제나 돋보이네

솔바람 솔 향기 북풍에 시달렸지
기약 없이 작별하고 먼발치 훔쳐보네
더는 찾지 않으리라 마음 없던 말
삼천리 반도 조선의 기상 푸른 소나무

언제나 소나무 사랑 태극기 사랑
꿈에서도 대한민국 국기 태극기 사랑

어쩌자고 그러십니까?

나는 순수 문학과 서정문학을 사랑하는
시인 문학가이다
거짓 선동꾼 그리고 민족 문학이라고 자칭하면서
여린 새싹을 선동하는 늙어 더러워진 파괴자들아
어서 하늘로 사라지던가 스스로 자결하라

그냥 좌파가 아닌 골수 좌파
게다가 진보가 아닌 맹목적으로 종북을 추종세력들
대놓고 찬동하는 주체사상 패거리와 사회주의 공산주의
자들아
과연 너희 같은 인간쓰레기들이
자유민주주의 대한민국에서 주거할 자격이 있는
자들인가를?
나는 정녕 묻고 싶다
당신들이 원하는 세상이 과연 무슨 세상인가를?
정이 그런 세상을 추종하겠다면
북한으로 가면 될 텐데 이 땅에서 지랄발광하는가?

난, 4살 때
6.25 동족상잔이란 죽음의 피바다 전쟁을 통하여
부친을 서부전선에서 전사로 잃는 비참한 세상을
겪어 가며
여기까지 견디온 사람이다

전쟁 이후 가난과 배고픔 질병으로 몇 번이고
어린 나이에 죽음의 강을 몇 번씩이나 건너오면서
뼛골까지 평화와 자유의 사랑하는 대한민국 국민으로
나라 사랑 애국심을 몸에 익혀 왔다
대한민국은 결코
당신들이 원하는 대로 되지 않는다는 것을 알아라

안중근 의사 가묘 앞에서

한 올의 머리카락이나
한 조각 손발톱만 묻혔어도
천만년 억만년
일본에
당당해질 수 있는데
아!
목까지 차오르는
이 분함을
언제까지고 참아 낼 수 있는가?

윤동주 시인을 그리며

당신은 떠올리기만 해도
그리움에 사무치는 혼입니다
초가을 밤바람 한줄기에도
가슴이 먹먹해지는 청량한 가을밤
귀뚜라미 소리에 빛나는 별빛만 바라봐도
윤동주 시인의 서시를 떠 올리기만 해도
울음이 터지는 바보 같은 영혼입니다
어쩌면 옥중의 창살 사이로
당신이 바라보았을지도 모를
청자색 조각 하늘이
지금 내가 올려보는 그곳일지도 모르겠다는 생각에
감히 다른 곳으로 시선을 돌릴 수가 없습니다
내 눈빛이 맞닿았을지도 모를
허공을 향하여
당신의 이름을 소리쳐 부르다가
어느 찰나 나의 이름도 산산이 부서졌으면
좋겠다는 생각을 해 봅니다

6부
지구가 많이 아파요

고래의 꿈

나는 얼마 전에 태어난
바다를 고향으로 기억하는 아직은 어린 고래입니다
나는 나의 조상들이 살아왔었던 원시의 바다를
기억하는 유전자를 갖고 있습니다
국경이 없었던 바다 포경선이 없었던 바다
오염이 없었던 청자색과 쪽빛 바다를 물려받은
성격이 쾌활한 신세대 MZ 고래입니다
현재를 사는 인류 여러분 저에게 목표가 생겼습니다
그 목표는 지구가 태어날 때 최초의 바다로
돌아가기를 염원하는 일을 세상에 알리고
환경 지킴이 파수꾼 고래가 되고 싶어요
인간 여러분 다양한 생명체가 있는
우주에 단 하나뿐인 지구를 사랑합시다
서로의 생명을 소중하게 여기는 사이가 됩시다
지구의 모든 생명체는 물에서 시작되었다는 것도
땅을 감싸고 있는 바다를 무시하면
지구의 허파가 병들면서 환경의 변화로
끝내는 북극의 빙하가 사라지고
지구는 몸살 하다가 탄식 끝에
화산 불바다로 종말을 고하게 될 것입니다

저 MZ 고래는 이제 땅에서 살아가는
모든 생명체와 인류를 위하여

아래에 있는 바다 헌장을 만들겠어요
바다는 땅에 사는 모든 생명체의
둥지라는 것을 기억해 주세요, 라고

그리스여 영원 하라

열정의 영혼들로 빗어져 선택된
신비의 나라 그리스여
아테네를 만든 아름다운 가슴들이여
믿음 하나로 신전을 세운 혼 빛들이여
태양 빛에 춤추는 지중해여
단 한 번이라도 변하지 않을 것만 같은
푸르른 하늘아래서
백옥보다 더 흰 구름 그늘로
석공들의 땀을 씻어주던
싱그런 그리스의 샤프 린 바람이여
고고한 역사의 찬란함이여
인류의 역사가 끝나는 그 순간까지
그리스여
모든 신전 들이여
대지와 함께 영원하여라

Forever, Greece

chosen by combination of passionate souls
The land of mystery, Greece
The beautiful hearts that made Athens
The souls who built the temple with one faith
The Mediterranean dancing in the sun
I don't think I'll change at least once
under a blue sky
In the shade of a cloud that's whiter than white jade
I used to wash away the sweat of the stonemasons
A fresh Greek, sharp wind
The splendor of history
Until the end of human history
Greece

당신은 나만의 오로라 신

너의 옷깃은 천사의 비단 자락
떨리는 마음은 천색의 무지갯빛
오로라 그대의 빛을 스치기 위하여
자작나무 숲을 달려온 페어 뱅크스
순간의 환상 입맞춤이라도 좋으니
연둣빛 입김으로라도 날 안아다오
내 일생 단 한 번으로 끝날 순간
몽롱한 빛으로 날 힘차게 안아다오
분홍빛 사랑이 찰나이어도 좋으리
죽을 만큼 안아다오 아모르 사랑
가슴은 당신 꽃으로 가득하오
설레는 심장이 언제 터질지 모르니
당신의 촉촉한 입술을 원하니
사람은 죽는 법 한없도록 아모르

바람과 생명의 서시

어쩌면 태초부터 일어났을 것이다
흔들림의 원인을 알 수 없는 그 상태로
거대한 불기둥이
돌과 흙으로 나뉘다가 하나로 융기되고
높은 산과 산 사이에 협곡이 생기면서
동시에 깊은 바다가 만들어지고
그다음 평지에 수목이 태어나고
뺨을 스치는 바람결에 행복감을 알게 하며
숨 쉴 공기가 지구를 채우니
다양한 생명체가 여기저기서 생겨나고
그 위로 구름이 생성되니
드디어 부드러운 바람이 품었다
그 바람이 어디로 가는지 모르지만
이슬을 깨트리지 않는 것을 보니
참으로 아름다운 마법사 같아라
때로는 성난 소리로 바다를 흔들어 대며
자신을 알리는 신 같은 존재로
인간을 순종하게 하니
더 위로의 존재를 알 수 없어라
아득한 우주를 경외게 하여 왔는데
요즘 지구가 중병에 걸린 듯
아프다고 신음하고 있네

비나이다, 비나이다

비나이다, 비나이다 천지신명님께
비나이다, 비나이다 우주 만물 신이여
단 한 번 왔다가는 초로인생
무지갯빛과 같은
그런 일생은 너무나 허망하오
우주 만물에 찰나 같은 신세
억만년의 태양신이여
자연 사랑을 허락해 주세요
천지간 신이여 들어주오

비나이다, 비나이다 천지신명님께
비나이다, 비나이다 우주 만물 신이여
여명의 순간 왔다가는 찰나 인생
새벽 안개와 같은
그런 인생은 참으로 허망하오
오로라 빛 순간은 너무 짧아
억만년 대왕 태양신이여
생명 사랑을 이루게 주세요
천지간 신이여 소원 들어주오

사는 것이 전쟁이다

요즘 세상살이는
전쟁 아닌 것이 없다
태어나 말을 하게 되면서부터 생존을 위한
전쟁이 시작되는 것이다
사랑도 투쟁 아니면 전쟁이다
이별도 한바탕
전쟁을 해 봐야 그 끝을 알 수 있다
학업도 성적도 취업도
총칼만 없지 소리 없는 전쟁이다
하기 사
지금도 이곳저곳에서 밤낮으로
포성이 울리고 있다
결국은 죽어서도
전쟁을 치러야 하는 세상으로 변했다

어찌하면 좋을까?

21세기 인류의 삶을 생각하면 다음 그다음
그리고 또 그다음 세대들이 살아가야 할
하나뿐인 자구를
아끼고 사랑해야 할 책임이 따르고 있는데
지금을 살아가고 있는 인류의 모습을 보면 마치
다음까지 우리가 걱정하고 챙겨야 하나?
다음은 다음 세대가 알아서 살아가겠지 하듯이
지구의 수명과 종말에 대안이 전무 하다

요즘 열대야로 고생하는 사람들이 늘고
온열로 사망하는 숫자가 늘어나고 있음을 생각해 보면
두려움과 안타까움이 동시에 떠 오르고 있다
첫째 현대인들이
화석연료를 과대 사용하여 지구가 뜨거워져서
북극의 빙하와 천년 설이 녹아내리고 있다고 하는데
걱정이다, 어찌하면 좋을까?

오아시스는 신기루

끝없이 사랑의 길을 찾았다
그러나
사랑의 길은 보이지 않네
가도 가도 그 길은 보이지 않네
언덕길 내리막길 굽은 길
곧은 길 아직은 못가 본 길
여지 안 가본 길
살아서는 가볼 수 없는 길
수많은 길 있지만
조건 없는
사랑의 길은 찾을 수 없네
가도 가도
향기롭고 싱그러운 그런 길은 보이지 않네
웃음꽃만 피는 길은 보이지 않네
세상은 신기루 같아라

지구별을 아끼고 사랑해야 합니다

우주에는 지구별의 이웃인 화성이란 별이 살고
있습니다
그런데 전에는 조용하게 지내던 화성이란 별이 얼마
전부터 이상한 빛을 보내며
알 수 없는 소리를 지구로 보내고 있어 지구별의 과학자
들이 알아봤는데
내용인즉 화성 별이 요즘에 와서 걱정을 많이 한다고
합니다.
그 내용은 지구별이 얼마 전부터 신음하며 많이 아프다
고 하며 도와 달라고 한다는 겁니다.
지구별에서 사는 지구 시민 인류 여러분
우리가 사는 지구별은 지금 심한 중병을 앓고 있습니다
그래서 북극과 남극의 빙하가 동시에 빠른 속도로
녹아내리고 있습니다
멀지 않아서 북극과 남극의 빙하가 다 사라지면
그다음은 우리 인간의 순서가 되어 지구에서
모든 생명과 함께
인류도 영원히 사라지는 비극이 발생하게 된다는
얘기입니다
이제는 저탄소 운동과 함께 온실가스 발생을
고민하면서
원래의 건강했던 지구를 위해 다 같이 힘을 모아야 할
중대한 시기입니다

그래야 지구별이 태양계에서 많은 생명과 함께
오래오래 아름다운 별로 살아갈 수 있습니다
이제부터 우리는 우주에 단 하나밖에 없는 지구를
사랑해줘야 합니다
인류 시민 여러분 우리 모두 지구 살리기에 힘을
모읍시다

You have to cherish and love the Earth

In space, there is a star called Mars, which is the neighbor of Earth's stars
But Mars, which used to be quiet, has been giving off strange light for a while
It's sending unknown sounds back to Earth. Scientists on Earth have noticed
The story is that Hwaseong Star is worried a lot these days
The content is that the Earth has been moaning for a while, saying that it hurts a lot, and asking for help
Global citizens living on Earth. Humanity
The earth star we live in is suffering from a serious illness
So the glaciers of the Arctic and Antarctic are melting at the same time
It's not far away, so if the glaciers of the North and South Poles disappear
And then we'll be in the order of human beings, with all life on Earth
It means that humanity will also disappear forever

Now, I'm thinking about low carbon and greenhouse gas generation
It's a critical time to work together for the original healthy Earth
So that the Earth can live as a beautiful star for a long time with a lot of life in the solar system
From now on, we have to love the one and only Earth in the universe
Human citizens, let's all work together to save the Earth

이슬빛에 묻어온 바람

창현(蒼玄) 한 우주의 새벽
별을 씻기고 내려앉은
이슬빛에 묻은 바람이여
내 영혼을 맑게 해주오
지난 세월의
나이를 잠시 잊게 해주오

어느 달 첫날
해 맑게 꽉 채운
우주의 기를 몰고 와
나그네 길벗
안부를 묻던 포근한 달빛 그림자여
내게 남은 날들을
티 없는 밝음으로 이어 주세요

태초에

천지 창조로 우주에서 행성 별로 태어났을 당시의 지구별은
모든 것이 자연 상태이었을 것으로 추정 생각됩니다.
바다와 산 평야 협곡도 모두 신의 뜻대로 이루어졌을
겁니다
그런데 어느 순간 인간이 지구에 나타나 만물의 영장으로
둔갑하더니
문명의 주인공으로 과학을 발전시키면서 쓰레기가
발생하고
태초의 땅을 더럽히고 이어서 바다가 오염되고 있습니다
바다가 고향인 생명체들이 인간으로 인하여 병들어가고
있습니다
미세 PVC (프라스딕) 으로 인하여 고래에 상어에 몸속에
눈에 보이지 않는
미세 프라스딕이 가득합니다.
그런데 인간이 다시 그 물고기를 먹고 있습니다

포경선을 폭파하라

내 조상은 태고부터 적 없는
청정한 푸른 바다 숨 터에서 자유롭게
하늘이 준 수명을 누리며 살아왔었는데
어느 순간 인간이 대포로 무장하고
나와 부모 형제 친구들의 붉은 피로
푸른 바다를 붉게 물들이고
환성과 괴성을 지르는 짓을 합니다

경외하옵던 인간들이여
우리에게 하늘이 내려준 수명
천수를 누릴 수 있는 자유를 주세요

아니면
생명을 수호하며 자연을 사랑하는
N.G.O 동지 여러분께서
포경선 폭파를 부탁드립니다

초대시

박정희 대통령 어록
이승만 초대 대통령 어록

당신이 머나먼 길로 떠나던 날

박정희 대통령의~ 구월의 詩

청와대 뜰에 붉게 피었던 백일홍과
숲 속의 요란스러운 매미 소리는
주인 잃은 슬픔을 애달파하는 듯 다소곳이
흐느끼고 메아리쳤는데

이제 벌써 당신이 가고 한 달
아침 이슬에 젖은 백일홍은
아직도 눈물을 거두지 못하고 있는데
매미 소리는 이제 지친 듯
북악산 골짜기로 사라져 가고

가을빛이 서서히 들에 찾아드니
세월이 빠름을 새삼 느끼게 되노라,
여름이 가면 가을이 찾아오고
가을이 가면 또 겨울이 찾아오겠지만

당신은 언제 또다시 돌아온다는
기약도 없이 한번 가면 다시 못 오는
불귀의 객이 되었으니
아~ 이것이 전정의 섭리란 말인가?
아~ 그대여
어느 때 어느 곳에서 다시 만나리

박정희 대통령께서 남긴 어록 중에서

공산당과 대결하는데
있어서는 무엇보다도 힘이 있어야 한다

공산당과 입으로 싸워서는
문제 해결이 되지 않는다

공산당은 상대방이 힘이 강하다고 생각하면
절대 침범하지 않으며,
약하다고 생각했을 때는
언제든지 침범하는 것이 공산당의 실체다

이승만 대통령의 마지막 기도

이제 저의 천명이 다하여 감에 아버지께서
저에게 주셨던 사명을 감당치 못하겠습니다
몸과 마음이 너무 늙어 버렸습니다
바라옵건대 우리 민족의 앞날에 주님의
은총과 축복이 함께 하시옵서소
우리 민족을 오직 주님께 맡기고 가겠습니다

우리 민족이 굳게 서서 다시는
종의 멍에를 메지 않게 하여 주시 엽서소

이승만 초대 대통령께서는

구시대에서 신시대로 민족을 인도하시고
신문명을 눈뜨게 하셨다
그리고
나라를 지키기 위하여 군대를 창설하였고
동쪽 바다 독도 수호를 위하여 전 세계를 향하여
대한의 영토임을 분명하게 천명하셨다
이어서 학교를 세워서 문맹을 퇴치하는 일을 시작하셨고
원자력의 기초를 알게 하시었다
그리고 모든 국민이 참여할 수 있는 제도
대통령 선출 직선제를 만드시고
동시에 여성에게도 투표권을 주셨다
이어서 세계 최강국 패권 국가인
미국과 상호동시 방위 조약을 맺어서
나라를 지키는 일에 앞장 하시었다

이승만 초대 대통령의 어록 중에서

오직 힘으로만 공산침략자들의
무릎을 꿇게 할 수 있습니다
나는 여러분에게
공산주의자들과 투쟁할 것을 호소합니다

만약에 누구든지 평화회담이나 휴전으로
한반도 문제가 평화적으로 해결될 수 있다고
말하는 자가 있다면 그런 자에게 속지 말라고
여러분에게 말해 두고자 합니다

나는 공산주의가 이 시대에 전 세계에서
가장 나쁜 전염병이라고 생각합니다
때문에
한국인들은 공산주의와의
공존은 있을 수 없다고 확신합니다

반은 공산주의자이고
반은 민주주의자는 없습니다
동시에 반은 공산주의 나라고
반은 민주주의인 나라도 없습니다

단편 소설
빨간 우체통

십수 년 공 드리고 땀 흘려 이룬 마당이 넓은 나의 둥지 해오름동산에는 두 채의 집과 두 개의 우체통이 있는데 그중 하나는 예전의 집이 있는 서쪽으로 가는 길모퉁이 쪽에 있다. 그 우체통은 낡은 양동이 신세로 멀지 않아 동네 고물상으로 갈 형편에서 다행스럽게도 우스꽝스럽게 생긴 우체통으로 변신 자리 잡고 나를 주인으로 섬기면서 인사를 잘하기에 난 그 우체통을 남자 집사로 직분을 주었고 또 하나의 우체통은 제법 돈을 주고 장만한 맵시 있는 우체통이 있는데 그 맵시 있는 우체통은 나와 눈이 마주칠 때마다 생글생글 웃으며 미소를 잘 짓기도 하지만 웃을 적마다 볼우물이 생기는 모습을 보고 나는 맵시 있는 우체통을 여자 우체통으로 정하고 동쪽 집으로 가는 길목 초입 길가에 자리를 정하고 약간 떨어져 있지만, 서쪽에 있는 남자 우체통과 서로 마주 보이도록 하였다. 그리고 나는 두 개의 우체통을 천생연분이라고 생각하고 부부의 연으로 맺어주고 내가 사는 동산에서 같이 동거하기로 했다. 그런데 어느 날 보니 우체통 부부는 무료할 때마다 둘이서 통하는 은어로 속삭이며 낄낄거리다 어떤 때는 호호하며 웃는 것이 집주인인 나를 흉보는 재미로 소일하는 것 같이 보였다. 하지만 집주인인 나는 절대 내가 모르고 있는 것처럼 그렇게 행동했다. 그런 우체통 부부는 밤이면 달빛과 별빛 사이를 오가며 낮에 있었던 일을 가지고 사랑싸움 같은 다툼하는 날이 많아졌다. 그렇게 그러려니 하고 무심하게 지내던 어느 날 햇살이 눈부시던 오후에 여자 우체통이 방금 다녀간 택배 기사가 코도 크고 눈이 부리부리하고 시원시원하게 잘생겼다고 하니까 남자 우체통이 그 말을 듣자 질투하는지 여자 우체통이 던진 그 말에 대꾸하는데 자신의 코가 더 잘생겼다고 하니까 여자 우체통이 하는 말이 당신은 늙었지 않았느냐고 하며 다시 토를 달아 말대꾸하며 다툼이 시작되었다. 그러다가 우체부가 놓고 간 우편물을 살펴보더니 재산세 고지서를 가지고 세금이 많이 나왔다는 등 수도세와 전기세가 많이 나온 걸 보니 우리가 수돗물과 전기를 너무 많이 쓴 것 같으니 앞으로는 주인님 한데 야단맞기 전에 우리가 눈치 빠르게 가급 적이면 절약해야 한다는 등 각가지 온갖 수다를 떨곤 하는 걸 우연히 엿듣게 되었는데 그러다 여자 우체통이 하는 말을 더 엿듣게 되었는데 얼마 전 노벨상 수상 작가 한강의 책 내용을 가지고 우체통 부부가 종일 야단법석에 수다 아닌 야한 수다를 주고받으며 흥분하고 있다.

여자 우체통이 연일 하여 노래하듯 하는 주제는 요즘 소설을 써서 노벨 문학상을 받은 한강 작가의 말대로 요즘 사람들은 조금은 야하고 변태스러워야 책이 잘 팔린다면서 그래야 베스트셀러 북으로 히트 친다고 자기 생각을 주장하다가 하는 말이 요즘은 세상이 변해서 요란스러운 섹스행위에 관해서 관대하게 그럴 수 있다고 인정해야 한다고 얘기하면서 자기도 더 늦기 전에 한참 동안 식지 않을 불같은 사랑 뜨거운 사랑 오래오래 평생 잊지 않을 수 있어서 추억으로 간직할 수 있으면서도 문뜩문뜩 생각나는 그런 사랑 섹스행위로 온몸의 도파민이 전율하는 그런 찐한 섹스를 해 보는 것이 마지막 소원이라고 하며 남자 우체통을 민망스럽게 채근하면서 이어 여자 우체통이 힘줘서 하는 말은 sex 행위 도중 클라이맥스가 절정으로 달아올라 온몸이 아득해지며 오르가슴이 극도로 차올라 혼절 직전 경지에까지 도달해지는 순간 너무 좋아서 엉엉 울어보고 싶다고 자기도 그런 기쁨과 행복한 섹스에 깊이 빠져 보고 싶다고 하면서 부러워하는 것 같은 말을 던지며 한강 작가의 혼 적인지 실제적인지의 경험을 질투 내지는 부러워하는 말을 몇 번씩 번복했다가 할 말이 없으면 다시 반복했다.

언젠가 만약에 나에게도 로또 같은 그런 뜨거운 정사의 순간이 온다면 자신도 폭풍우처럼 쏟아부을 거라고 독백하듯 하더니 힐긋 날 쳐다보며 순간 무슨 생각이 떠오르는지

정색하다가 갑자기 내 얼굴을 빤히 쳐다보면서 야릇한 미소를 띠며 보란 듯이 순간의 욕정을 참지 못하겠다는 듯이 우체통 여자가 남자 우체통 쪽으로 달려가더니 갑자기 와락 끌어안고 주저 없이 쓰러지며 앵두 빛 같은 얇은 입술로 남자 우체통의 가슴을 여기저기 할 타 대며 더듬더니 하체를 부르르 떨며 소리를 지르다가 가냘프게 흐느끼면서 이어 다시 몸서리쳐가며 이내 눈을 지긋하게 감은 채 연신 알아들을 수 없는 소리를 내며 가냘프게 신음했다. 그리고 잠시 주변이 고요가 흐르면서 너무나 조용해졌다. 침 삼키는 소리가 들릴 정도로 고요해서 그렇게 돌풍 같은 뜨거운 정사가 끝난 줄 알고 주인인 내가 돌아서려고 하는 순간에 볼이 빨갛게 달아오른 여자 우체통이 이번엔 날쌔게 남자 우체통의 배 위로 냉큼 올라가 엉덩이를 꿈틀거리며 연신 몸을 흔들며 너무 좋아, 이젠 죽어도 좋아, 이젠 정말 이대로 벌거벗은 채로 이런 모습으로 죽어도 좋아 정말 정말 시원하게 나의 원을 얼떨결 순간에 원을 풀었다고 하면서 흑흑 흐느끼다가 불쑥 내뱉는 말이 주인 어르신 혹시 내가 이성을 잃은 짐승 여우로 보이더라도 그렇게 취급하지 말아 달라고 부탁하는 듯한 말을 내뱉으며 정말로 오해는 하지 말아 달라고 헛소리 같은 당부를 하는 것이었다.

　순간 여인의 모습이 솔직하다고 생각하면서 한편으로 아름답게 보이기도 했으며 또 한편으로는 딱하게 보이면서도 슬프게 보였다. 사실 여자의 본능은 지고지순한 미(美)적인 모습 아름다운 미모에도 있겠지만 인간도 역시 하나의 동물에 속하기에 섹스가 없는 삶은 의미가 없다고 신부 앞에서 고해성사하듯 살짝 얼굴을 돌리고 눈을 지긋하게 감고 아주 작은 목소리로 속삭이듯 하며 연신 신음하다가 빨갛게 달아오른 앵두 빛 닮은 입술을 하얀 윗니로 잘근잘근 몇 번을 깨물고 있는 모습이 뭐가 문제냐는 듯한 말하는 모습의 여자 우체통과 시선이 멈추고 있었으며 동시에 그 여자 우체통의 미끈한

허벅지와 나신의 전신 그 모습을 곁눈질로 훔쳐보게 되었는데 순간 내가 확 달려들어 나의 굵은 팔뚝으로 베개처럼 껴안아 주면서 숨통이 멎을 만큼 꼭 안아주며 내가 사실 은근히 너를 좋아했다고 주접을 떨며 너희 부부를 질투했지 하며 혹시 너만 좋다면 우리 서로 한번 제대로 미쳐 볼까? 하는 엉뚱한 상상에 빠지는 충동을 느꼈지 그러면서∞나는 그냥 피식 웃었다.

  순간 나도 모르게 잠시 그런 망상에 젖었었다. 생각해 봐라, 저기 길가에 서 있는 수컷들을 막고 물어봐라, 아무리 세월만큼 서리가 내려 희끗희끗 해지고 까만 눈썹 사이사이 하얀 눈썹이 섞여 있을지라도 홀랑 벗은 하얀 속살 그리고 약간은 고불고불한 까만 털이 덮인 도톰한 음부를 한 손으로 살짝 가리고 또 한 손으로는 몽실몽실한 젖가슴을 가리는 듯한 자태로 눈빛은 약간 풀어진 듯한 그런 야한 자태로 부끄러운 듯한 표정의 몸짓으로 누워 볼이 발갛게 달아오른 채 격정의 큰 파도를 넘기고서도 또 신음 섞인 숨소리를 가늘게 아니 약간은 거칠게 내 쉬는 듯한 상태에 있는 모습을 수컷이 돼서 그냥 놔둘 수는 없지 않겠느냐고 하는 생각이 번쩍 뇌리를 스치며 비록 내가 늙기는 했지만 하며 중얼거리다 눈빛이 마주쳤는데 어찌 나의 가운데 심 볼이 굵게 쳐들고 불끈 커지면서 빳빳하게 텐트를 못 칠망정 빨갛게 달아올랐다가 아직 식지 않은 무쇠 다리미처럼 뜨거워진 상태로 있으며 뭔가를 주면 덥석 받아먹을 상태의 상대를 천국이나 지옥으로 보내 주지는 못할지라도 한번 꼭 안아 보는 건 괜찮지 않을까 하는 엉뚱한 상상의 생각이 어이없이 행동할 수 없는 욕심으로 발동했고 이어 이룰 수 없는 흑심이 욕망으로 커졌는데 과연 너라면 감당할 수 있으리라 하는지 돼 묻고 싶다? 너라면?. 우리 솔직해 지자.

고래의 꿈

장 영 준 제4시집

●

초판인쇄 | 2024년 11월 20일
초판발행 | 2024년 11월 25일
지 은 이 | 장영준
발 행 인 | 김영선
펴 낸 곳 | 흔맥문학출판부
　　　　　서울시 서대문구 통일로 479-5
　　　　　등록 1995년 9월 13일(제1-1927호)
　　　　　전화 02)725-0939, 725-0935
　　　　　팩스 02)732-8374
　　　　　이메일 hanmaekl@hanmail.net

●

값/ 12,000원

●

이 책은 한국예술인 복지재단 창작지원금으로 발간된 시집입니다

ISBN 979-11-93702-17-8